AF239965

Impressum
Verlag: BABADADA GmbH, Nedderfeld 112 , 22529 Hamburg
Geschäftsführer / Verlagsleitung: Harald Hof
Druck: Books on Demand GmbH, In de Tarpen 42, 22848 Norderstedt

Imprint
Publisher: BABADADA GmbH, Nedderfeld 112 , 22529 Hamburg, Germany
Managing Director / Publishing direction: Harald Hof
Print: Books on Demand GmbH, In de Tarpen 42, 22848 Norderstedt

école

school

salle de classe
classroom

diviser
divide

186/2

tableau noir
board

cour de récréation
school yard

enseignant
teacher

papier
paper

écrire
write

stylo
pen

bureau
desk

règle
ruler

livre
book

élève
pupil

sac d'école

satchel

trousse

pencil case

crayon

pencil

taille-crayon

pencil sharpener

gomme

rubber

carnet à dessin

drawing pad

dessin

drawing

pinceau

paintbrush

boîte de peinture

paint box

ciseaux

scissors

colle

glue

cahier d'exercices

exercise book

tâches

homework

chiffre

number

2+2

additionner

add

5-2

soustraire

subtract

2×2

multiplier

multiply

calculer

calculate

A

lettre

letter

ABCDEFG
HIJKLMN
OPQRSTU
VWXYZ

alphabet

alphabet

mot

word

texte
text

lire
read

craie
chalk

leçon
lesson

livre de classe
register

examen
examination

certificat
certificate

uniforme scolaire
school uniform

formation
education

lexique
encyclopedia

université
university

microscope
microscope

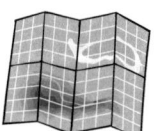

carte
map

corbeille à papier
waste-paper basket

voyage
travel

hôtel
hotel
Grand
auberge
hostel
ROOMS
EXCHANGE
bureau de change
currency exchange office
valise
suitcase
voiture
car

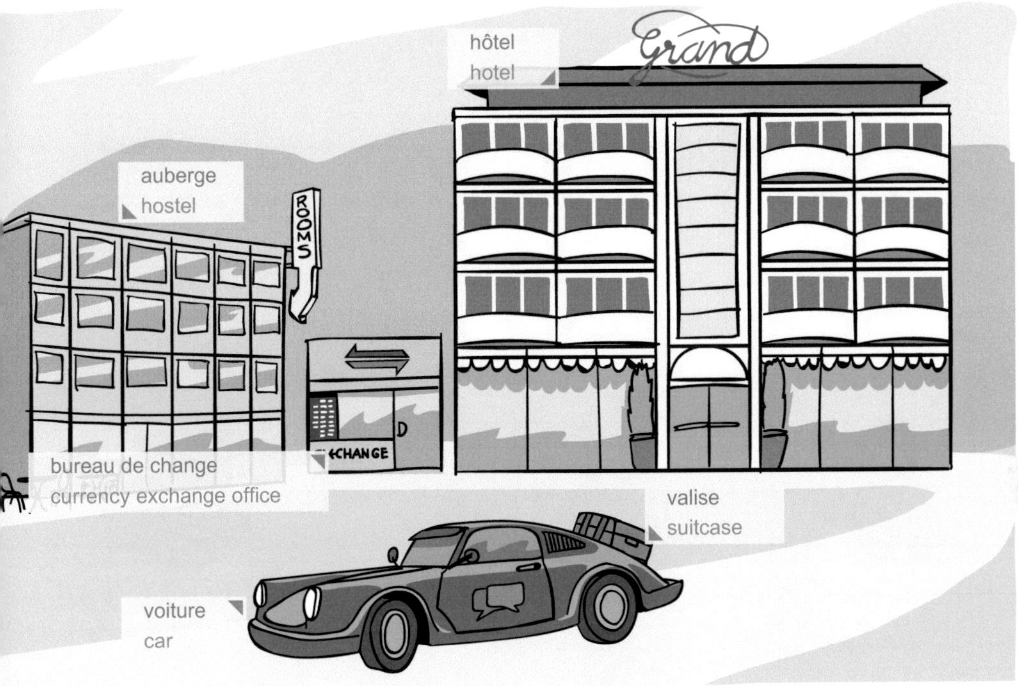

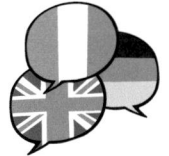

langue
language

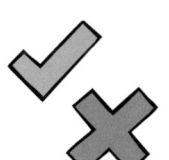

oui / non
yes / no

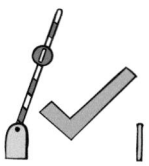

d'accord
Okay

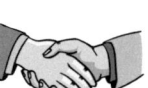

Salut
hello

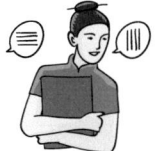

interprète
translator

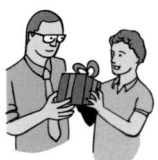

merci
Thank you

Combien coûte...?

how much is…?

Je ne comprends pas

I don´t get it

problème

problem

Bonsoir!

Good evening!

Bonjour!

Good morning!

Bonne nuit!

Good night!

Au revoir

goodbye

direction

direction

bagages

luggage

sac

bag

sac-à-dos

backpack

hôte

guest

pièce

room

sac de couchage

sleeping bag

tente

tent

office de tourisme

tourist information

plage

beach

carte de crédit

credit card

petit-déjeuner

breakfast

déjeuner

lunch

dîner

dinner

billet

Ticket

ascenseur

elevator

timbre

stamp

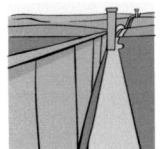

frontière

border

douane

customs

ambassade

embassy

visa

visa

passeport

passport

transport

transport

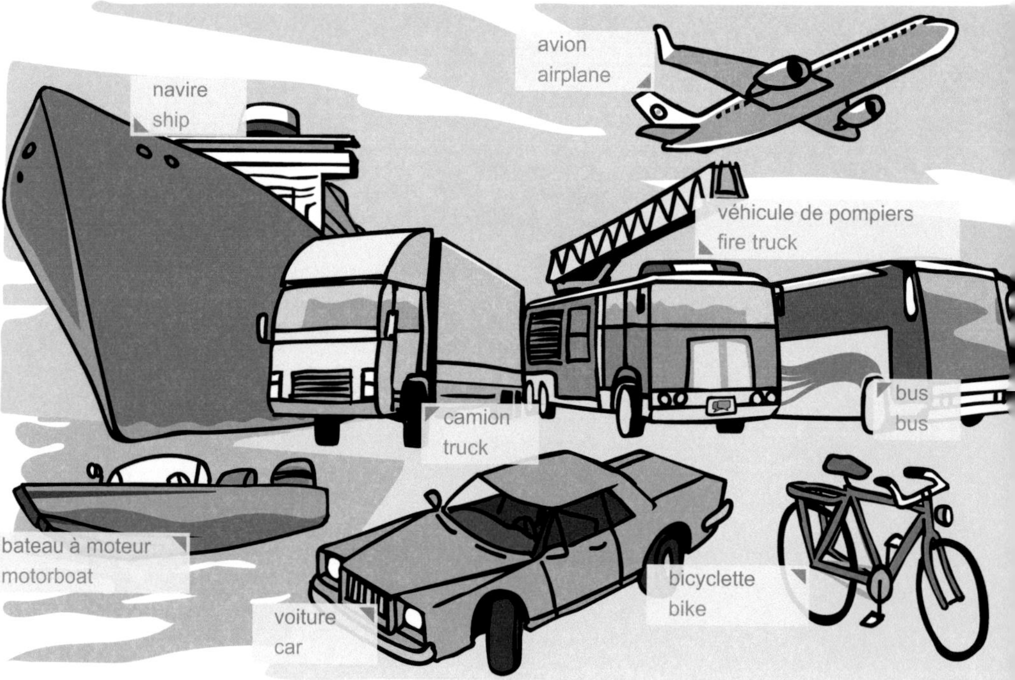
avion
airplane
navire
ship
véhicule de pompiers
fire truck
bus
bus
camion
truck
bateau à moteur
motorboat
bicyclette
bike
voiture
car

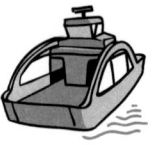

ferry

ferry

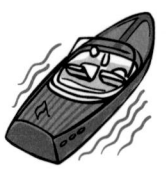

barque

boat

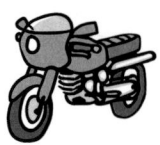

moto

motorbike

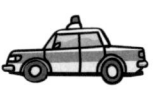

voiture de police

police car

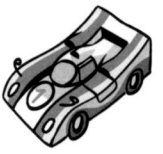

voiture de course

racing car

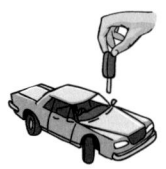

voiture de location

rental car

autopartage

car sharing

dépanneuse

tow truck

benne à ordures

garbage truck

moteur

engine

essence

fuel

station d'essence

fuel station

panneau indicateur

traffic sign

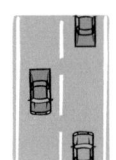

trafic

traffic

embouteillage

traffic jam

parking

parking lot

gare

train station

rails

tracks

train

train

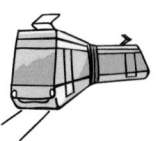

tram

tram

wagon

wagon

hélicoptère
helicopter

aéroport
airport

tour
tower

passager
passenger

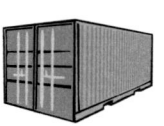

container
container

carton
carton

chariot
cart

corbeille
basket

décoller / atterrir
take off / land

ville

city

village
village

centre-ville
city center

maison
house

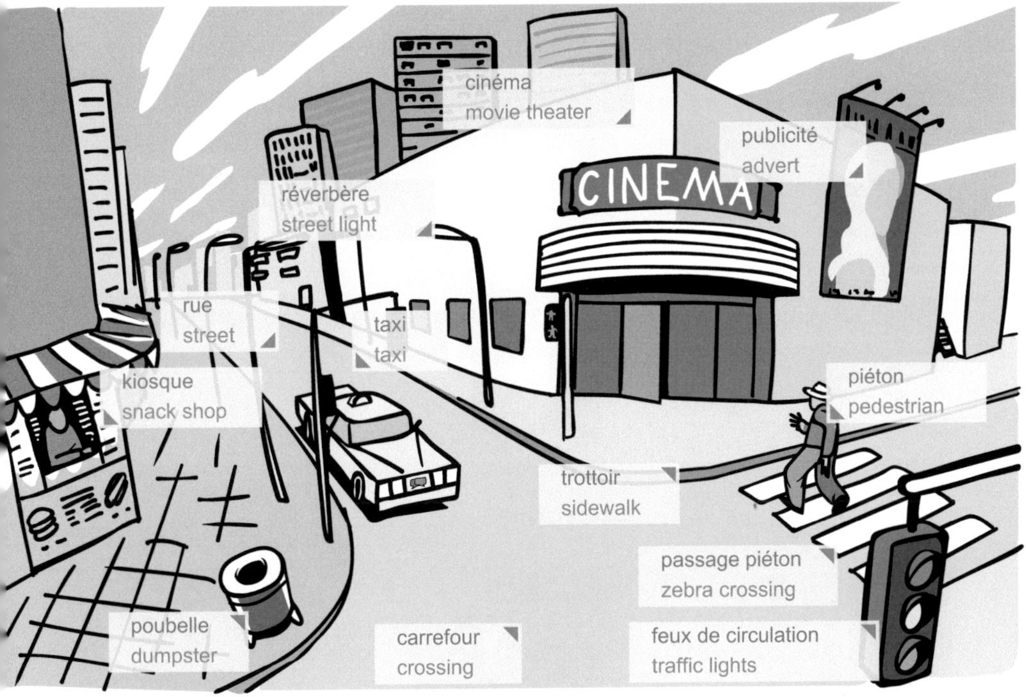

cinéma
movie theater

publicité
advert

réverbère
street light

CINEMA

rue
street

taxi
taxi

kiosque
snack shop

piéton
pedestrian

trottoir
sidewalk

passage piéton
zebra crossing

poubelle
dumpster

carrefour
crossing

feux de circulation
traffic lights

cabane
hut

appartement
apartment

gare
train station

mairie
city hall

musée
museum

école
school

ville - city

université
university

banque
bank

hôpital
hospital

hôtel
hotel

pharmacie
pharmacy

bureau
office

librairie
book shop

magasin
shop

fleuriste
flower shop

supermarché
supermarket

marché
market

grand magasin
department store

poissonnerie
fishmonger's shop

centre commercial
mall

port
harbor

parc

park

banque

bench

pont

bridge

escaliers

stairs

métro

subway

tunnel

tunnel

arrêt de bus

bus stop

bar

bar

restaurant

restaurant

boîte à lettres

postbox

panneau indicateur

street sign

parcomètre

parking meter

zoo

zoo

réverbère

swimming pool

mosquée

mosque

ferme

farm

pollution

pollution

cimetière

cemetery

église

church

aire de jeux

playground

temple

temple

paysage

landscape

feuille
leaf

panneau indicateur
signpost

chemin
path

pré
meadow

pierre
stone

arbre
tree

randonneur
hiker

rivière
river

herbe
grass

fleur
flower

vallée
valley

montagne
hill

lac
lake

forêt
forest

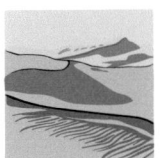

désert
desert

volcan
volcano

château
castle

arc-en-ciel
rainbow

champignon
mushroom

palmier
palm tree

moustique
mosquito

mouche
fly

fourmis
ant

abeille
bee

araignée
spider

scarabée
beetle

grenouille
frog

écureuil
squirrel

hérisson
hedgehog

lapin
hare

chouette
owl

oiseau
bird

cygne
swan

sanglier
boar

cerf
deer

élan
moose

barrage
dam

éolienne
wind turbine

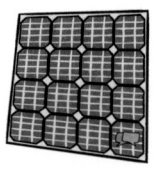

panneau solaire
solar panel

climat
climate

restaurant
restaurant

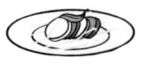

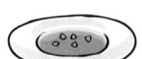

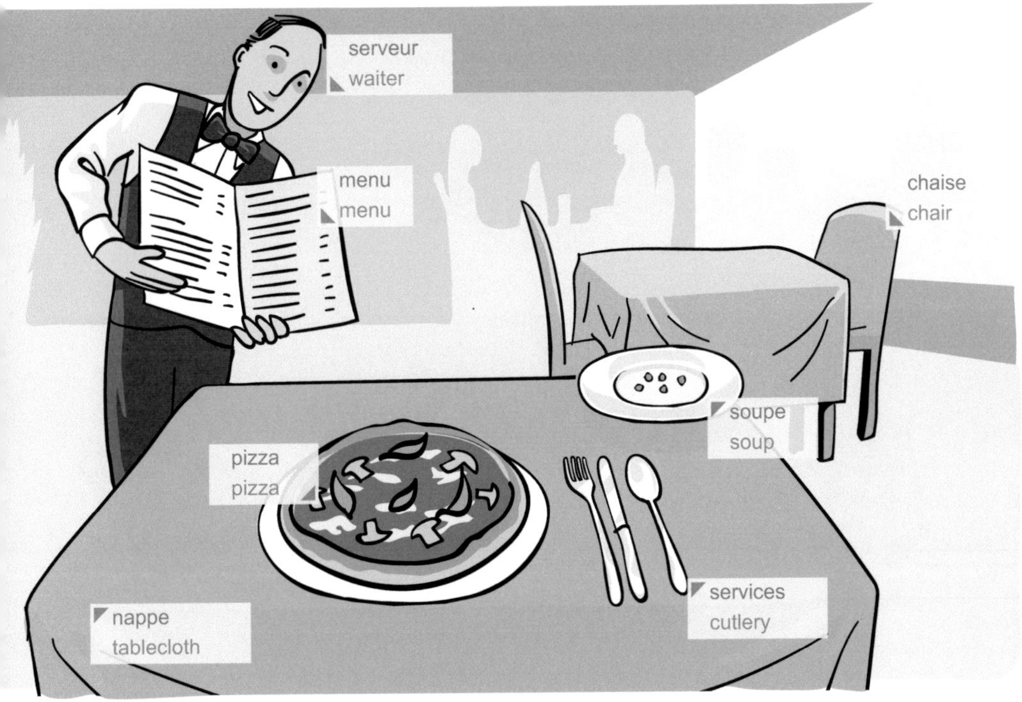
serveur
waiter
menu
menu
chaise
chair
soupe
soup
pizza
pizza
services
cutlery
nappe
tablecloth

hors d'œuvre

starter

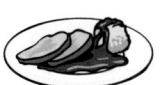

plat principal

main course

dessert

dessert

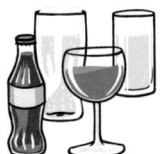

boissons

drinks

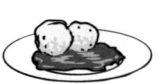

alimentation

food

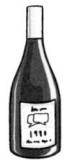

bouteille

bottle

fast-food
fast food

plats à emporter
street food

théière
teapot

sucrier
sugar bowl

portion
portion

machine à expresso
espresso machine

chaise haute
high chair

facture
bill

plateau
tray

couteau
knife

fourchette
fork

cuillère
spoon

cuillère à thé
teaspoon

serviette
serviette

verre
glass

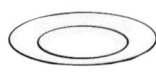

assiette

plate

assiette à soupe

soup plate

soucoupe

saucer

sauce

sauce

salière

salt shaker

moulin à poivre

pepper mill

vinaigre

vinegar

huile

oil

épices

spices

ketchup

ketchup

moutarde

mustard

mayonnaise

mayonnaise

supermarché
supermarket

offre promotionnelle
special offer
FOR
client
customer
produits laitiers
dairy products
fruits
fruit
caddie
shopping cart

BUTCHERS

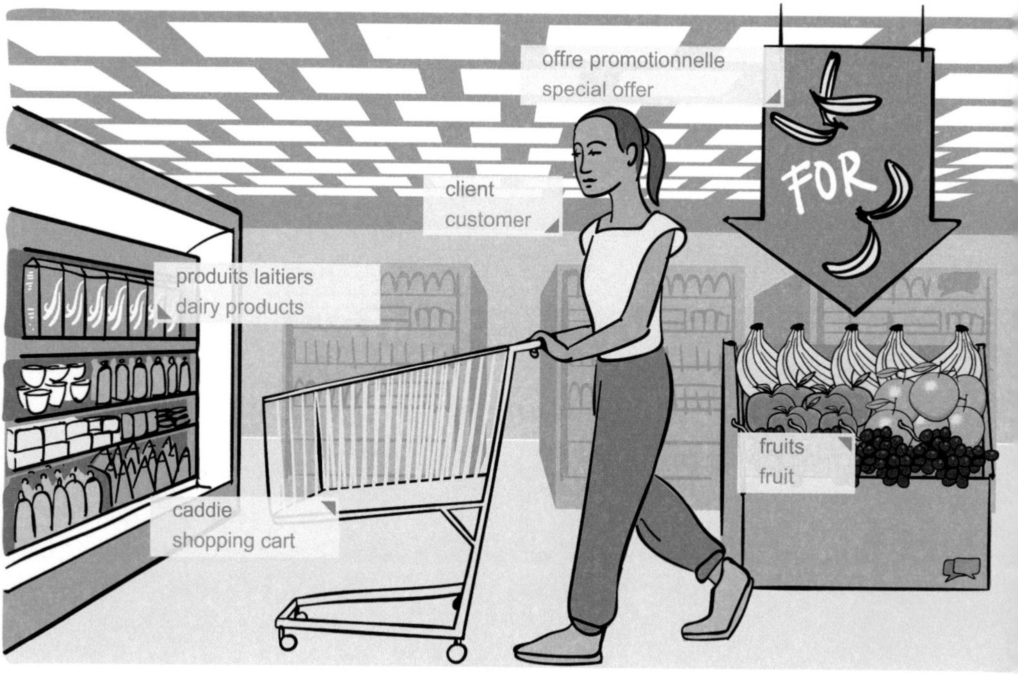

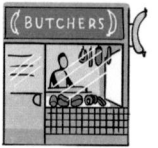

boucherie

butcher's shop

BAKERY

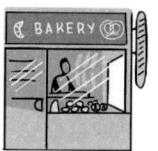

boulangerie

bakery

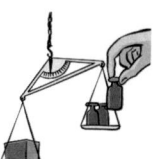

peser

weigh

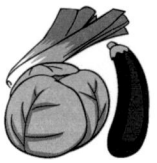

légumes

vegetables

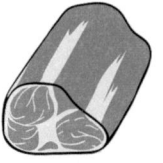

viande

meat

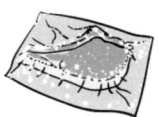

aliments surgelés

frozen food

charcuterie

cold cuts

conserves

canned food

poudre à lessive

detergent

bonbons

candy

articménagers

household products

détergents

cleaning products

vendeuse

sales representative

caisse

cash register

caissier

cashier

liste d'achats

shopping list

heures d'ouverture

opening hours

portefeuille

wallet

carte de crédit

credit card

sac

bag

sac en plastique

plastic bag

eau

water

jus de fruit

juice

lait

milk

coca

coke

vin

wine

bière

beer

alcool

alcohol

chocolat chaud

cocoa

thé

tea

café

coffee

expresso

espresso

cappuccino

cappuccino

banane

banana

pomme

apple

orange

orange

melon

melon

citron

lemon

carotte

carrot

ail

garlic

bambou

bamboo

oignon

onion

champignon

mushroom

noisettes

nuts

pâtes

noodles

spaghettis

spaghetti

riz

rice

salade

salad

frites

fries

pommes de terre rôties

fried potatoes

pizza

pizza

hamburger

hamburger

sandwich

sandwich

escalope

escalope

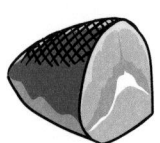

jambon

ham

salami

salami

saucisse

sausage

poulet

chicken

rôti

roast

poisson

fish

flocons d'avoine

porridge oats

muesli

muesli

cornflakes

cornflakes

farine

flour

croissant

croissant

petits-pains

bread roll

pain

bread

pain grillé

toast

biscuits

cookies

beurre

butter

fromage blanc

curd

gâteau

cake

œuf

egg

œuf au plat

fried egg

fromage

cheese

glace

ice cream

sucre

sugar

miel

honey

confiture

jelly

crème nougat

nougat cream

curry

curry

ferme
farm

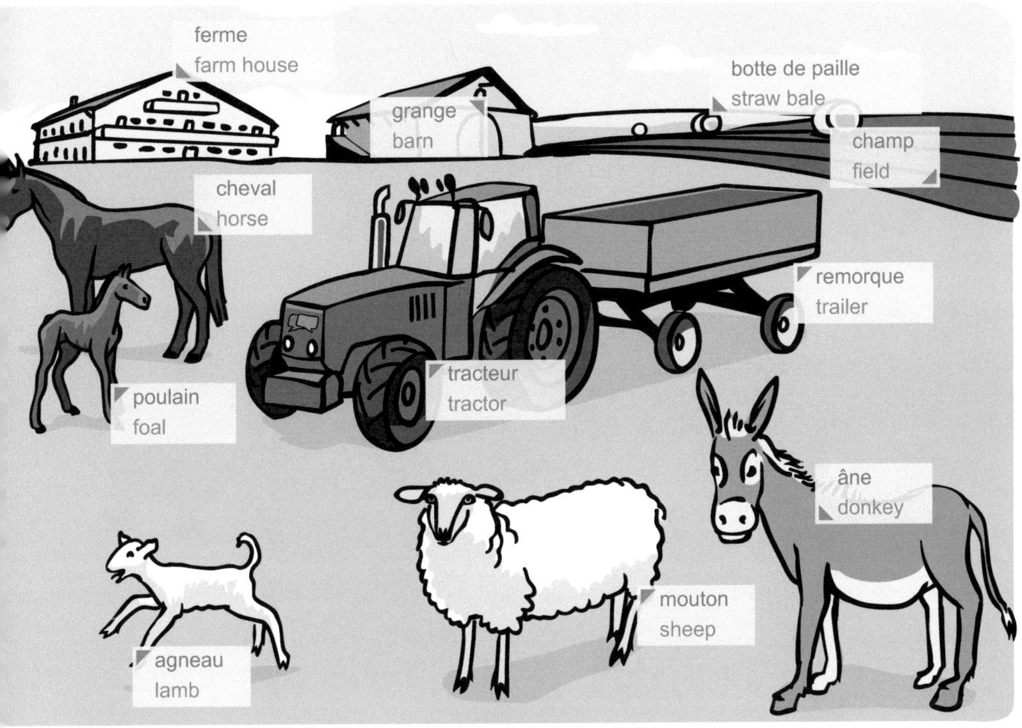

ferme
farm house
grange
barn
botte de paille
straw bale
champ
field
cheval
horse
remorque
trailer
tracteur
tractor
poulain
foal
âne
donkey
mouton
sheep
agneau
lamb

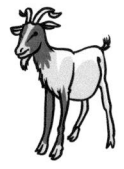

chèvre

goat

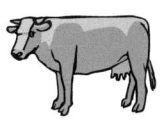

vache

cow

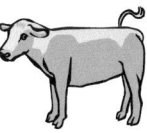

veau

calf

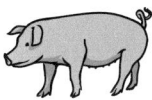

porc

pig

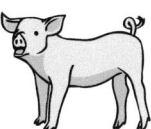

porcelet

piglet

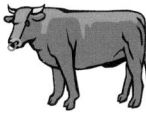

taureau

bull

oie
goose

canard
duck

poussin
chick

poule
hen

coq
cockerel

rat
rat

chat
cat

souris
mouse

bœuf
ox

chien
dog

chenil
dog house

tuyau de jardin
garden hose

arrosoir
watering can

faucheuse
scythe

charrue
plow

faucille

sickle

pioche

hoe

fourche

pitchfork

hache

axe

brouette

pushcart

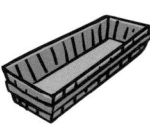

cuve

trough

pot à lait

milk can

sac

sack

clôture

fence

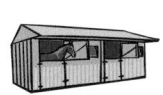

étable

stable

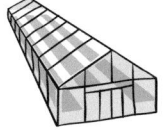

serre

greenhouse

sol

soil

semences

seed

engrais

fertilizer

moissonneuse-batteuse

combine harvester

ferme - farm

récolter

harvest

récolte

harvest

igname

yams

blé

wheat

soja

soya

pomme de terre

potato

maïs

corn

colza

rapeseed

arbre fruitier

fruit tree

manioc

manioc

céréales

grain

maison

house

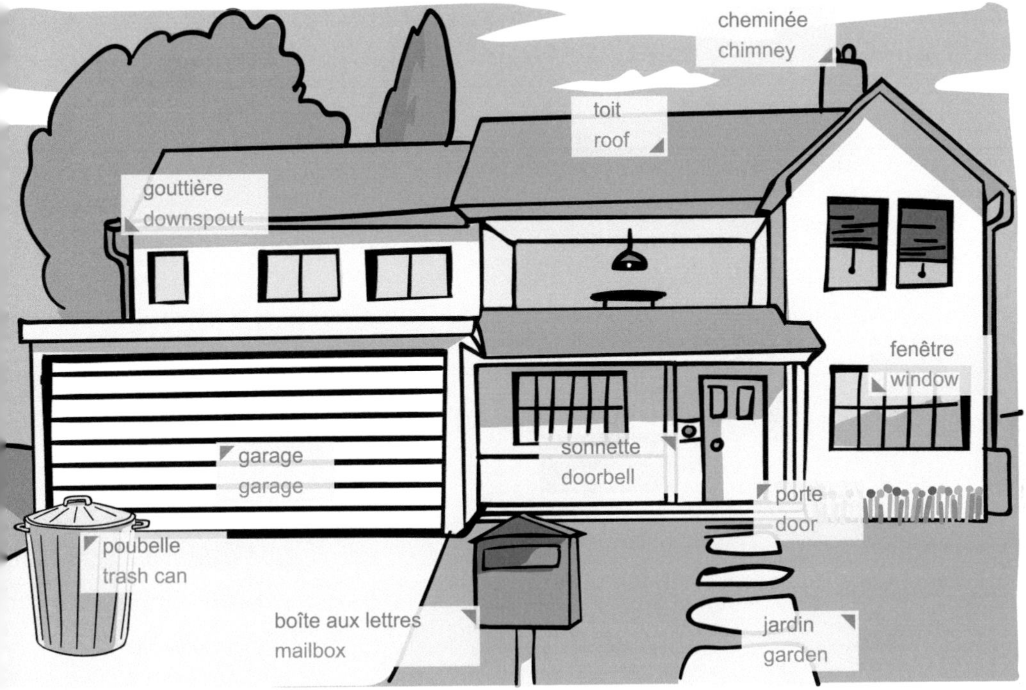
cheminée
chimney
toit
roof
gouttière
downspout
fenêtre
window
sonnette
doorbell
garage
garage
porte
door
poubelle
trash can
boîte aux lettres
mailbox
jardin
garden

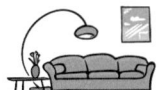

salon

living room

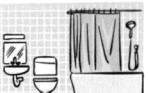

chambre de bain

bathroom

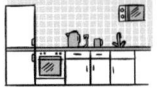

cuisine

kitchen

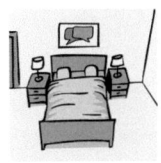

chambre à coucher

bedroom

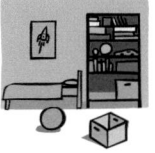

chambre d'enfant

kids room

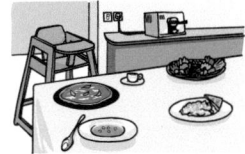

salle à manger

dining room

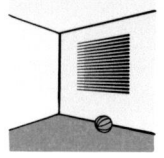

sol
floor

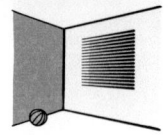

mur
wall

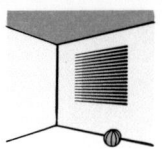

plafond
ceiling

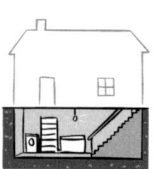

cave
cellar

sauna
sauna

balcon
balcony

terrasse
terrace

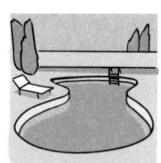

piscine
pool

tondeuse à gazon
lawn mower

fourre de duvet
sheet

couette
bedspread

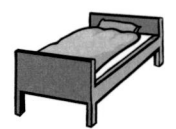

lit
bed

balai
broom

sceau
bucket

interrupteur
switch

salon
living room

papier peint
wallpaper
image
picture
lampe
lamp
étagère
shelf
armoire
cabinet
télé
television
cheminée
fireplace
fleur
flower
coussin
cushion
canapé
sofa
vase
vase
télécommande
remote control

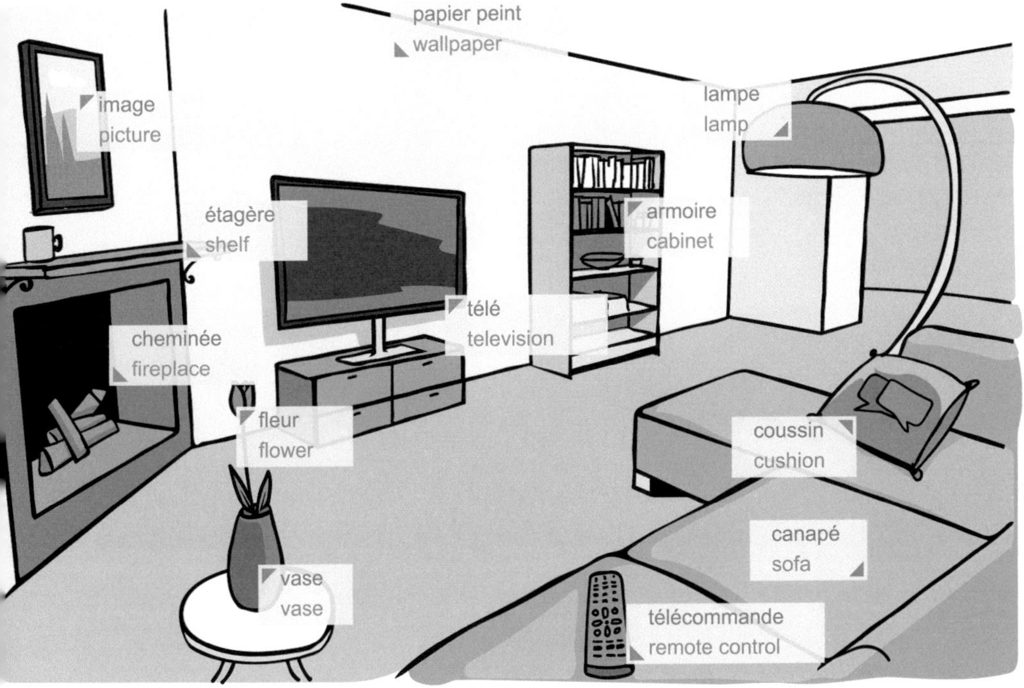

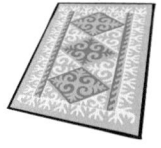

tapis

carpet

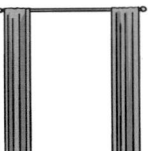

rideau

drape

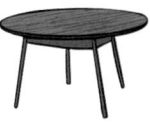

table

table

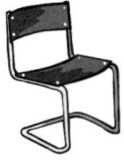

chaise

chair

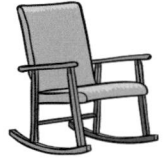

chaise à bascule

rocking chair

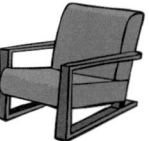

fauteuil

armchair

livre

book

couverture

blanket

décoration

decoration

bois de chauffage

firewood

film

film

chaîne hi-fi

stereo system

clé

key

journal

newspaper

peinture

painting

poster

poster

radio

radio

bloc-notes

notebook

aspirateur

vacuum cleaner

cactus

cactus

bougie

candle

cuisine
kitchen

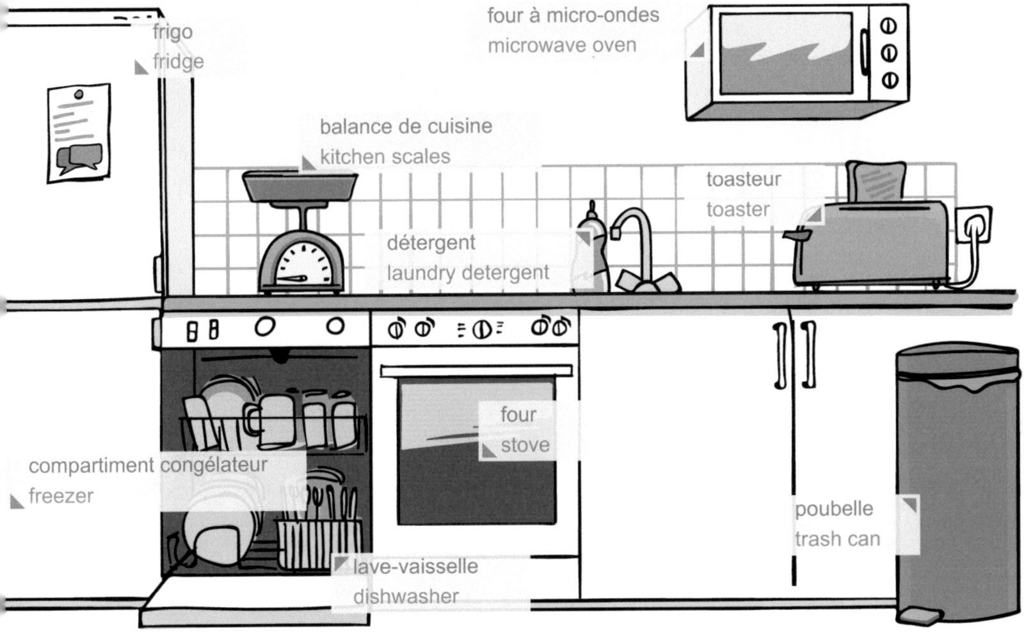
frigo
fridge
four à micro-ondes
microwave oven
balance de cuisine
kitchen scales
toasteur
toaster
détergent
laundry detergent
four
stove
compartiment congélateur
freezer
poubelle
trash can
lave-vaisselle
dishwasher

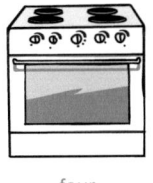

four

cooker

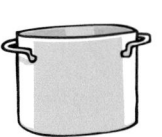

casserole

pot

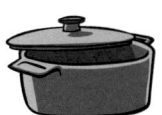

marmite

cast-iron pot

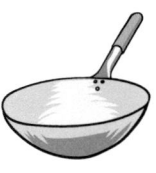

wok/kadai

wok / kadai

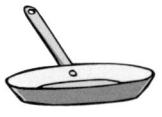

poêle

pan

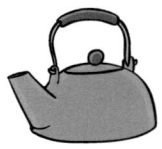

bouilloire électrique

kettle

cuiseur vapeur

steamer

plaque de cuisson

baking tray

vaisselle

crockery

gobelet

mug

bol

bowl

baguettes

chopsticks

louche

ladle

spatule

spatula

fouet

whisk

passoire

strainer

tamis

sieve

râpe

grater

mortier

mortar

barbecue

barbecue

cheminée

fireplace

planche à découper

chopping board

rouleau à pâtisserie

rolling pin

tire-bouchon

corkscrew

boîte

can

ouvre-boîte

can opener

maniques

oven cloth

lavabo

sink

brosse

brush

éponge

sponge

mixeur

blender

congélateur

deep freezer

biberon

baby bottle

robinet

tap

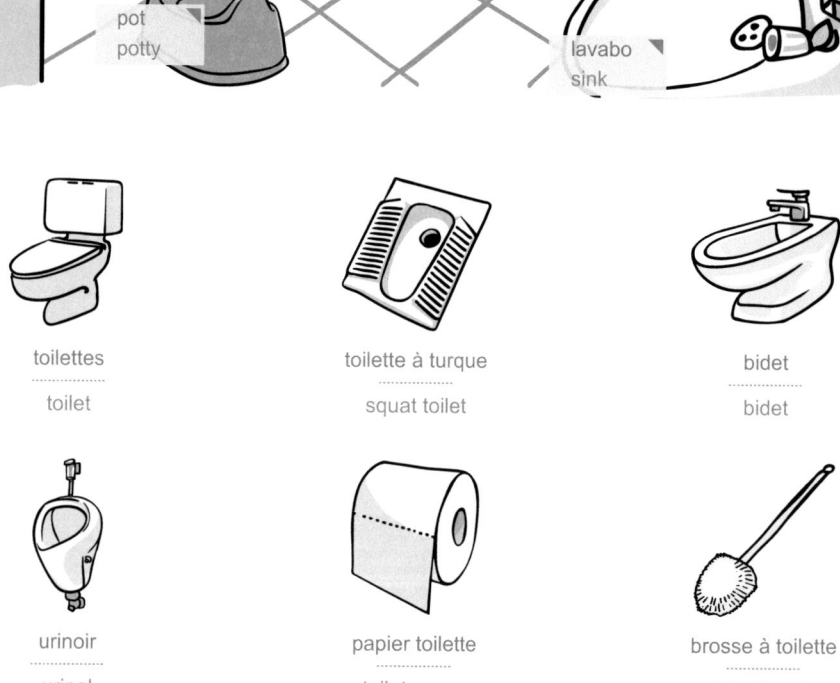

chambre de bain
bathroom

douche
shower
chauffage
heating
serviette
towel
rideau de douche
shower curtain
bain moussant
bubble bath
baignoire
bathtub
verre
glass
machine à laver
washing machine
robinet
tap
carrelage
tiles
pot
potty
lavabo
sink

toilettes
toilet

toilette à turque
squat toilet

bidet
bidet

urinoir
urinal

papier toilette
toilet paper

brosse à toilette
toilet brush

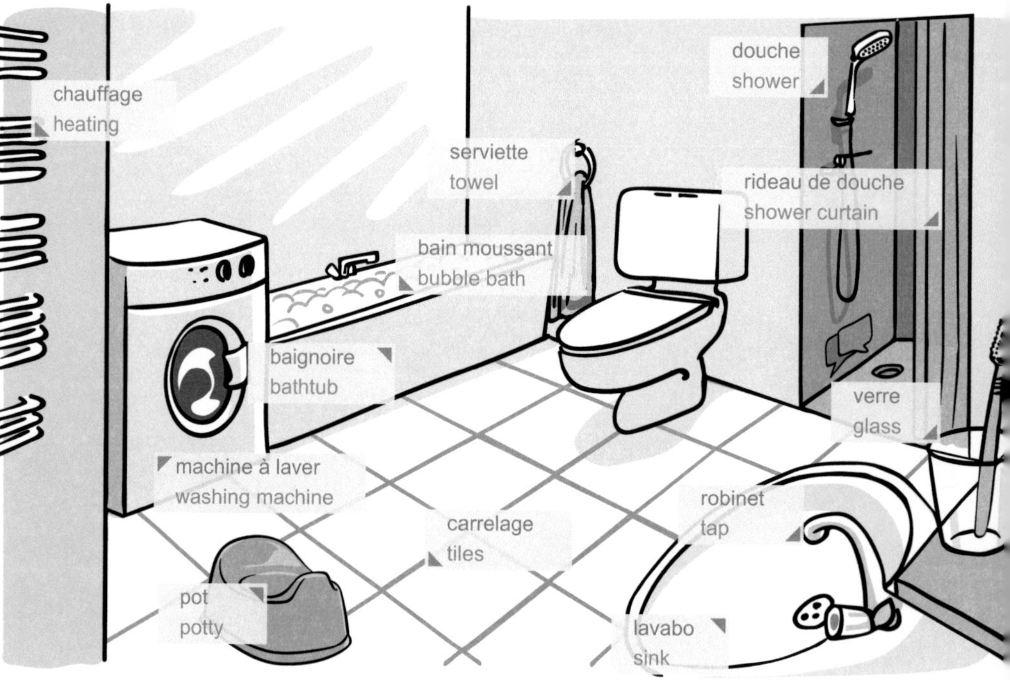

brosse à dents

toothbrush

dentifrice

toothpaste

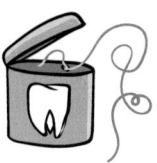

fil dentaire

dental floss

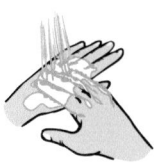

laver

wash

douche manuelle

hand shower

douche intime

douche

vasque

basin

brosse dorsale

back brush

savon

soap

gel douche

shower gel

shampooing

shampoo

gant de toilette

flannel

écoulement

drain

crème

creme

déodorant

deodorant

miroir

mirror

miroir cosmétique

hand mirror

rasoir

razor

mousse à raser

shaving foam

après-rasage

aftershave

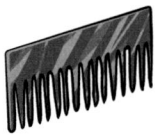

peigne

comb

brosse

brush

sèche-cheveux

hair-dryer

laque pour cheveux

hairspray

fond de teint

makeup

rouge à lèvres

lipstick

vernis à ongles

nail varnish

ouate

cotton wool

coupe-ongles

nail scissors

parfum

perfume

trousse de toilette

washbag

tabouret

stool

balance

weighing scales

peignoir

bathrobe

gants de nettoyage

rubber gloves

tampon

tampon

serviettes hygiéniques

sanitary towel

toilette chimique

chemical toilet

chambre d'enfant
kids room

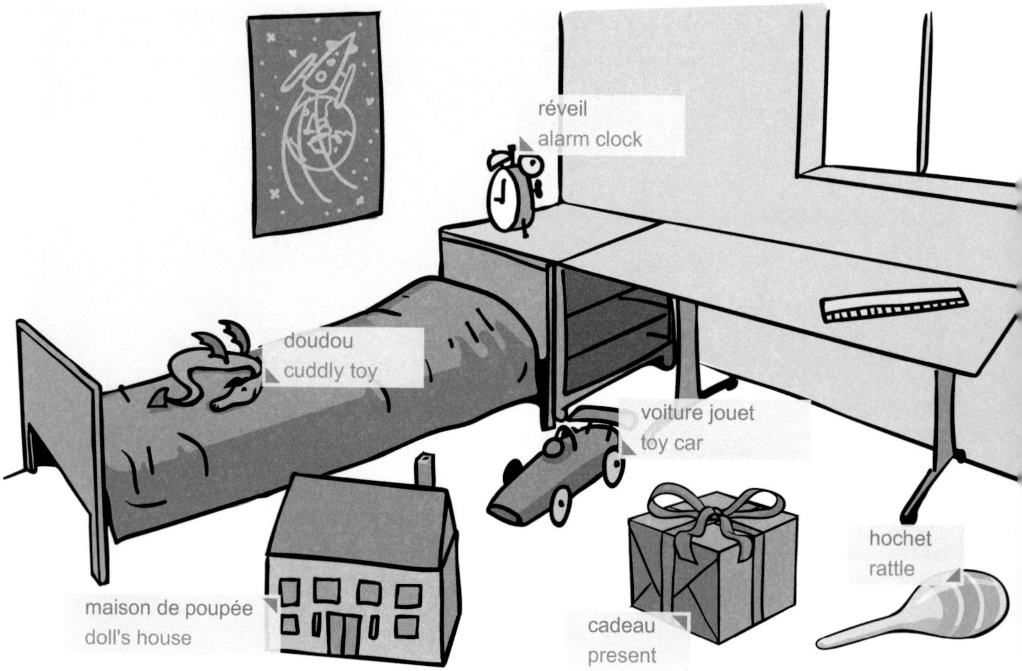
réveil
alarm clock
doudou
cuddly toy
voiture jouet
toy car
hochet
rattle
maison de poupée
doll's house
cadeau
present

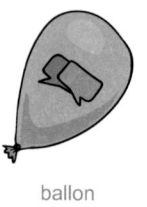

ballon

balloon

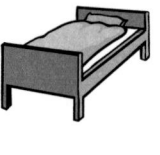

lit

bed

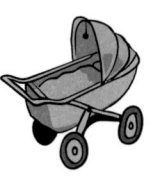

poussette

stroller

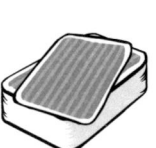

jeu de cartes

deck of cards

puzzle

jigsaw

SUPER MEGA

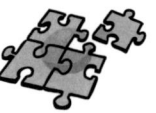

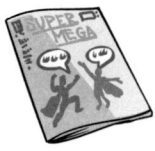

bande dessinée

comic

pièces lego

lego bricks

blocs de construction

toy blocks

figurine

action figure

grenouillère

romper suit

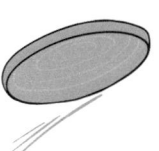

frisbee

frisbee

mobile

mobile

jeu de société

board game

dé

dice

train miniature

model train set

sucette

pacifier

fête

party

livre d'images

picture book

balle

ball

poupée

doll

jouer

play

bac à sable

sandpit

balançoire

swing

jouets

toys

console de jeu

video game console

tricycle

tricycle

ours en peluche

teddy bear

armoire

wardrobe

vêtements

clothing

chaussettes

socks

bas

stockings

collant

tights

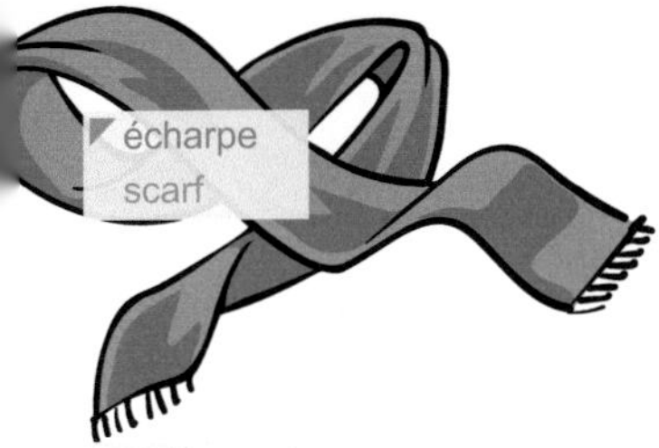

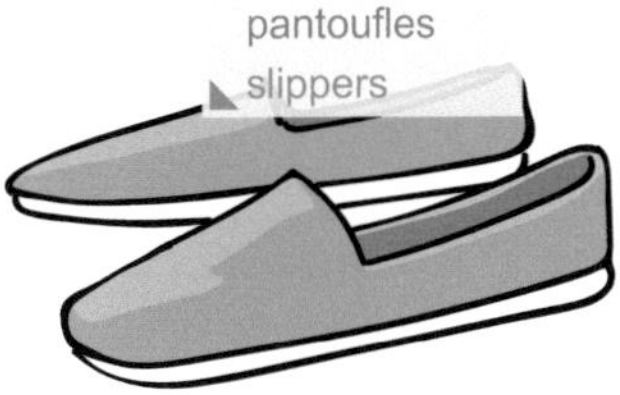

écharpe
scarf

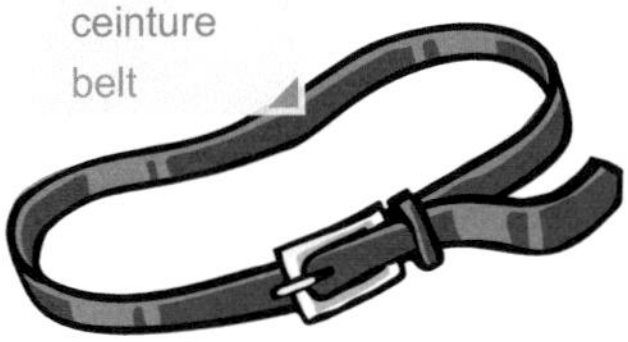

ceinture
belt

parapluie
umbrella

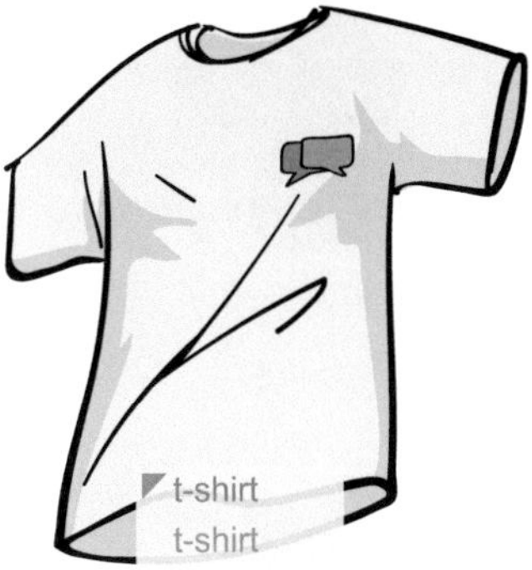

t-shirt
t-shirt

bottes
boots

pantoufles
slippers

baskets
sneakers

sandales
sandals

chaussures
shoes

bottes de caoutchouc
rubber boots

linge de corps
underwear

soutien-gorge
bra

maillot de corps
undershirt

body
body

pantalon
pants

jean
jeans

jupe
skirt

chemisier
blouse

chemise
shirt

pull
pullover

pull-over à capuche
sweater

veste
blazer

veste
jacket

manteau
coat

imperméable
raincoat

costume
costume

robe
dress

robe de mariée
wedding dress

costume

suit

chemise de nuit

nightgown

pyjama

pajamas

sari

sari

foulard

headscarf

turban

turban

burqa

burka

caftan

kaftan

abaya

abaya

maillot de bain

swimsuit

costume de bain

trunks

cuissettes

shorts

tenue d'entraînement

tracksuit

tablier

apron

gants

gloves

bouton

button

lunettes

glasses

bracelet

bracelet

collier

necklace

bague

ring

boucle d'oreille

earring

bonnet

cap

cintre

coat hanger

chapeau

hat

cravate

tie

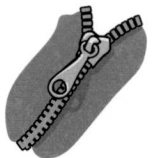

fermeture éclair

zip

casque

helmet

bretelles

braces

uniforme scolaire

school uniform

uniforme

uniform

vêtements - clothing

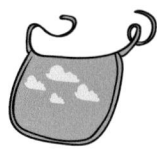

bavoir

bib

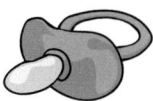

sucette

pacifier

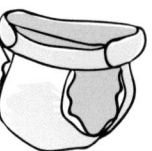

couche

diaper

bureau
office

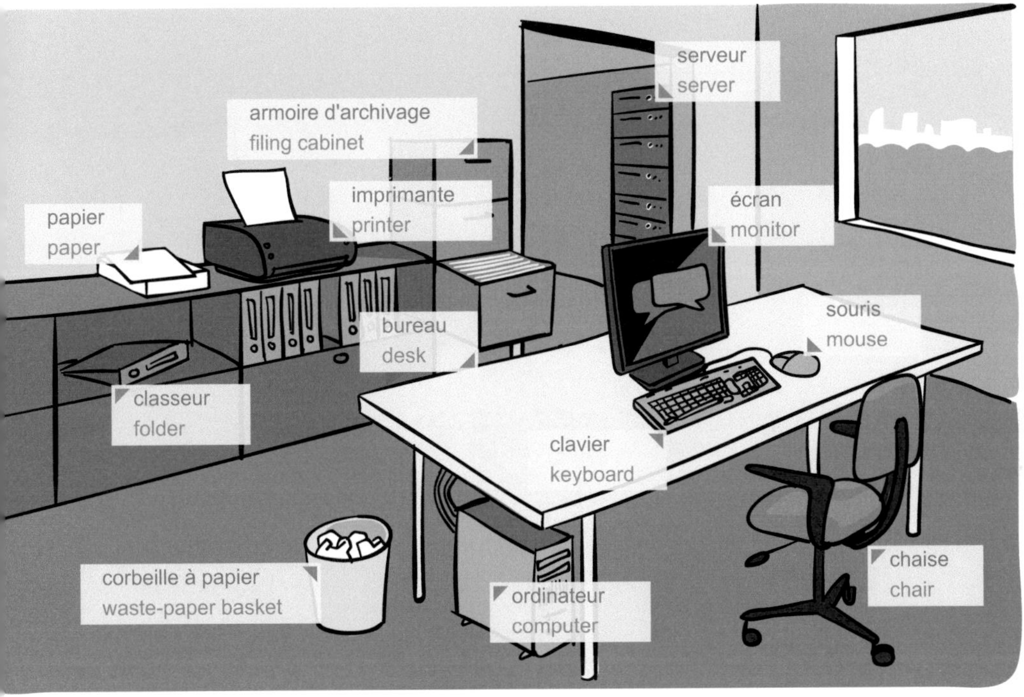
serveur
server
armoire d'archivage
filing cabinet
papier
paper
imprimante
printer
écran
monitor
souris
mouse
bureau
desk
classeur
folder
clavier
keyboard
corbeille à papier
waste-paper basket
ordinateur
computer
chaise
chair

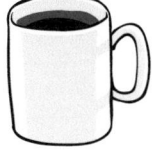

tasse à café

coffee mug

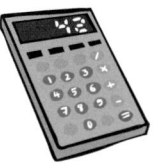

calculatrice

calculator

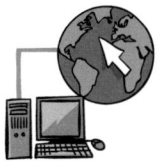

internet

internet

ordinateur portable
laptop

lettre
letter

message
message

portable
cell phone

réseau
network

photocopieuse
photocopier

logiciel
software

téléphone
telephone

prise
plug socket

fax
fax machine

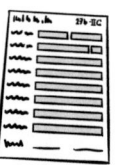

formulaire
form

document
document

acheter

buy

payer

pay

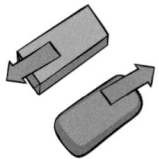

marchander

trade

monnaie

money

 USD

dollar

dollar

 EUR

euro

euro

 JPY

yen

yen

 RUB

rouble

rouble

 CHF

franc suisse

Swiss franc

 CNY

renminbi yuan

renminbi yuan

INR

roupie

rupee

distributeur automatique

cash point

bureau de change

currency exchange office

or

gold

argent

silver

pétrole

oil

énergie

energy

prix

price

contrat

contract

taxe

tax

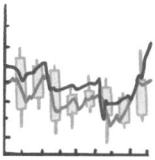

action

stock

travailler

work

employé

employee

employeur

employer

usine

factory

magasin

shop

professions
occupations

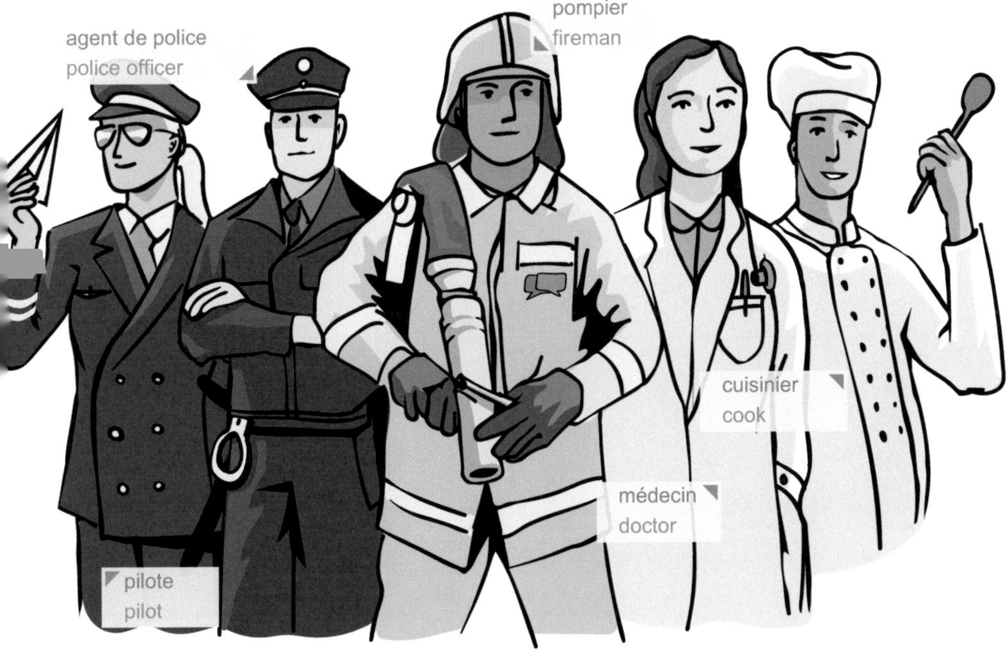
agent de police
police officer
pompier
fireman
cuisinier
cook
médecin
doctor
pilote
pilot

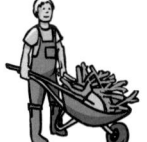

jardinier

gardener

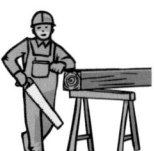

menuisier

carpenter

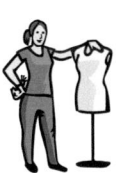

couturière

seamstress

juge

judge

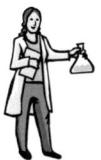

chimiste

chemist

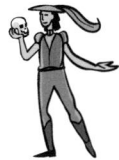

acteur

actor

conducteur de bus

bus driver

chauffeur de taxi

taxi driver

pêcheur

fisherman

femme de ménage

cleaning lady

couvreur

roofer

serveur

waiter

chasseur

hunter

peintre

painter

boulanger

baker

électricien

electrician

ouvrier

builder

ingénieur

engineer

boucher

butcher

plombier

plumber

facteur

postman

soldat

soldier

architecte

architect

caissier

cashier

fleuriste

florist

coiffeur

hairdresser

contrôleur

conductor

mécanicien

mechanic

capitaine

captain

dentiste

dentist

scientifique

scientist

rabbin

rabbi

imam

imam

moine

monk

prêtre

pastor

outils

tools

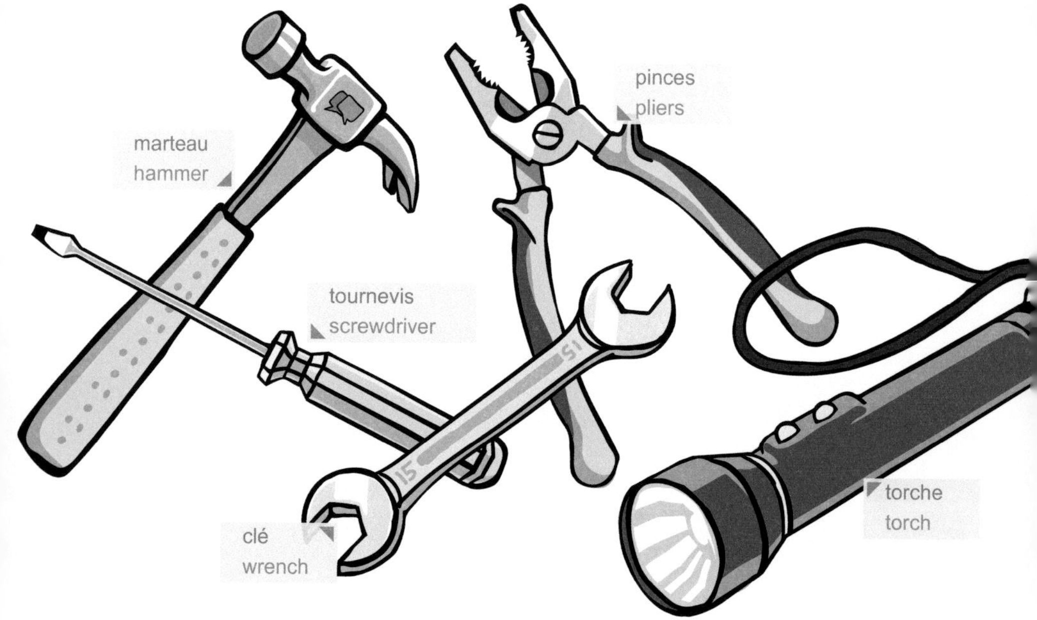
marteau
hammer
pinces
pliers
tournevis
screwdriver
clé
wrench
torche
torch

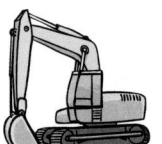

pelleteuse

excavator

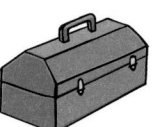

boîte à outils

toolbox

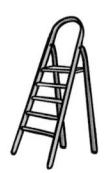

échelle

ladder

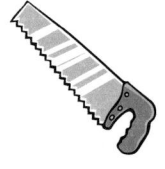

scie

saw

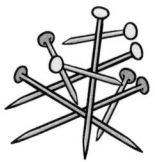

clous

nails

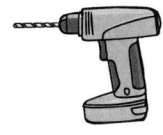

perceuse

drill

réparer

repair

pelle

shovel

Mince!

Damn!

pelle

dustpan

pot de peinture

paint can

vis

screws

instruments de musique
musical instruments

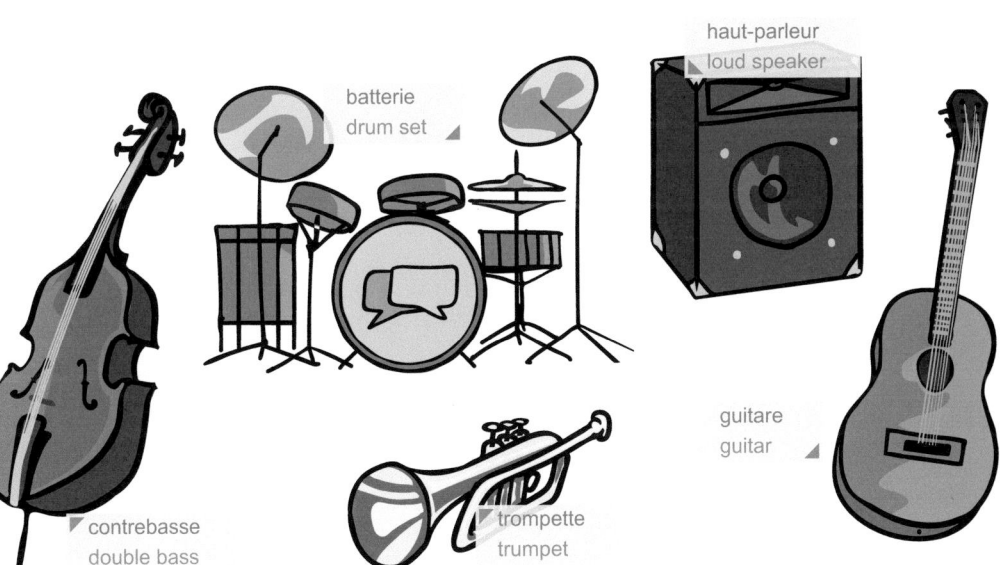

haut-parleur
loud speaker

batterie
drum set

guitare
guitar

contrebasse
double bass

trompette
trumpet

piano

piano

violon

violin

basse

bass

timbales

timpani

tambour

drums

piano électrique

keyboard

saxophone

saxophone

flûte

flute

microphone

microphone

entrée
entrance

tigre
tiger

cage
cage

zèbre
zebra

alimentation animale
animal feed

panda
panda

animaux

animals

éléphant

elephant

kangourou

kangaroo

rhinocéros

rhino

gorille

gorilla

ours

bear

chameau

camel

autruche

ostrich

lion

lion

singe

monkey

flamand rose

flamingo

perroquet

parrot

ours polaire

polar bear

pingouin

penguin

requin

shark

paon

peacock

serpent

snake

crocodile

crocodile

gardien de zoo

zookeeper

phoque

seal

jaguar

jaguar

poney

pony

léopard

leopard

hippopotame

hippo

girafe

giraffe

aigle

eagle

sanglier

boar

poisson

fish

tortue

turtle

morse

walrus

renard

fox

gazelle

gazelle

american Football
American football

cyclisme
cycling

tennis
tennis

basket-ball
basketball

natation
swimming

boxe
boxing

hockey sur glace
ice hockey

football
soccer

badminton
badminton

athlétisme
athletics

handball
handball

ski
skiing

polo
polo

activités
activities

rire
laugh
sauter
jump
embrasser
hug
marcher
walk
chanter
sing
rêver
dream
prier
pray
faire la bise
kiss

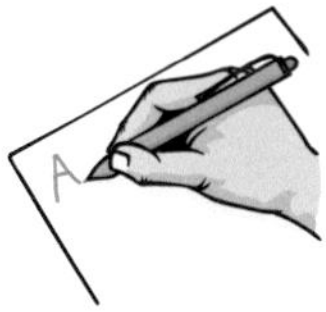

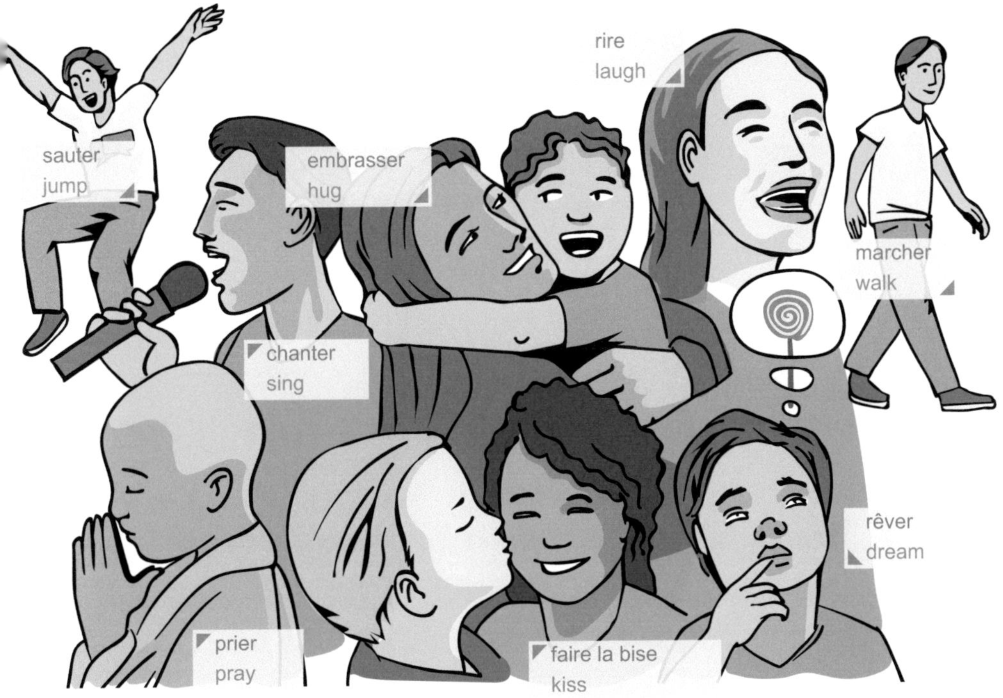

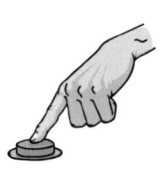

écrire

write

dessiner

draw

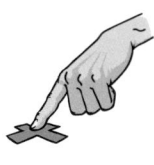

montrer

show

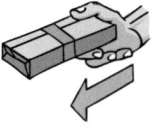

pousser

push

donner

give

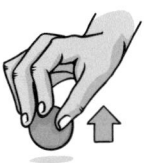

prendre

take

avoir

have

faire

do

être

be

être debout

stand

courir

run

trier

pull

jeter

throw

tomber

fall

être couché

lie

attendre

wait

porter

carry

être assis

sit

s'habiller

get dressed

dormir

sleep

se réveiller

wake up

regarder

look at

pleurer

cry

caresser

stroke

peigner

comb

parler

talk

comprendre

understand

demander

ask

écouter

listen

boire

drink

manger

eat

ranger

tidy up

aimer

love

cuire

cook

conduire

drive

voler

fly

activités - activities

faire de la voile

sail

calculer

calculate

lire

read

apprendre

learn

travailler

work

se marier

marry

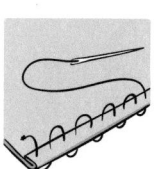

coudre

sew

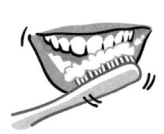

se brosser les dents

brush teeth

tuer

kill

fumer

smoke

envoyer

send

grand-mère
grandmother

grand-père
grandfather

père
father

mère
mother

bébé
baby

fille
daughter

fils
son

hôte

guest

tante

aunt

oncle

uncle

frère

brother

sœur

sister

corps

body

front
forehead
œil
eye
épaule
shoulder
doigt
finger
visage
face
menton
chin
main
hand
jambe
leg
poitrine
breast
bras
arm

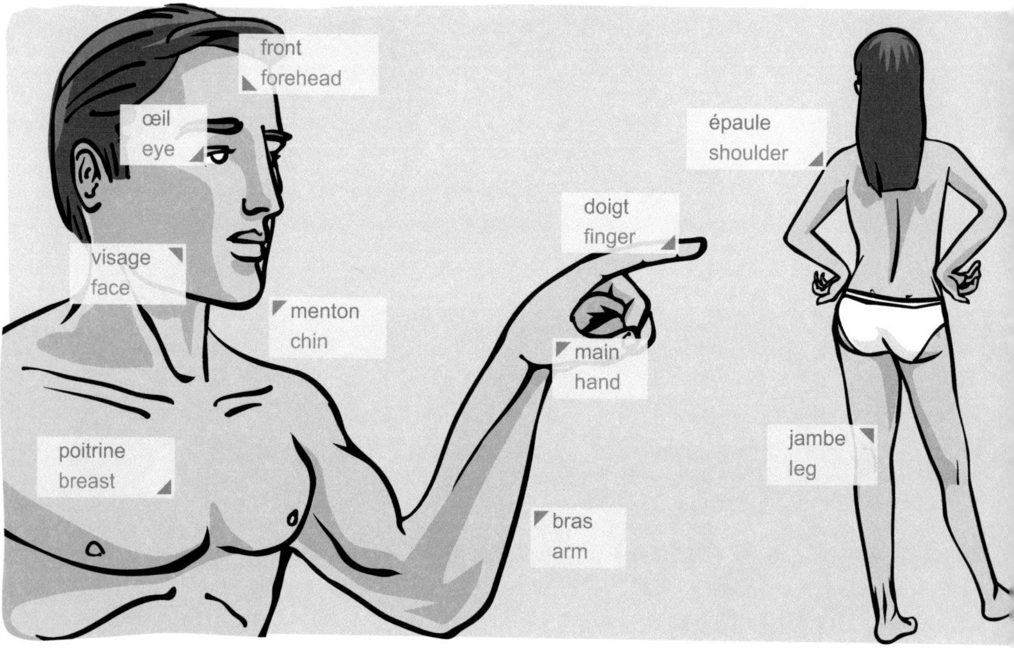

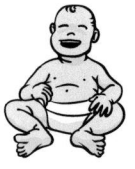

bébé

baby

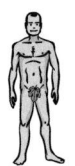

homme

man

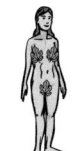

femme

woman

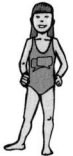

fille

girl

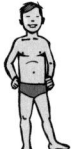

garçon

boy

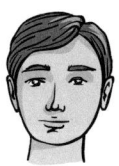

tête

head

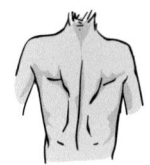

dos

back

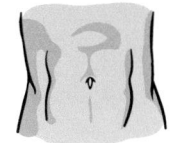

ventre

belly

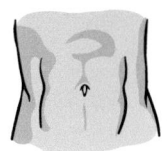

nombril

navel

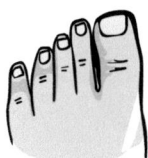

orteil

toe

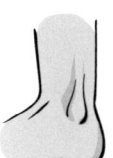

talon

heel

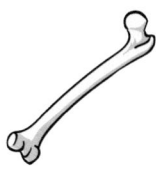

os

bone

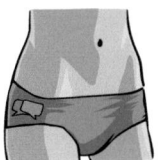

hanche

hip

genou

knee

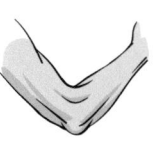

coude

elbow

nez

nose

fesses

buttocks

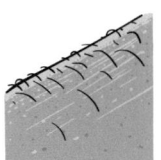

peau

skin

joue

cheek

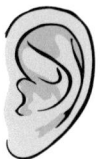

oreille

ear

lèvre

lip

corps - body

bouche

mouth

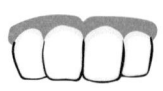

dent

tooth

langue

tongue

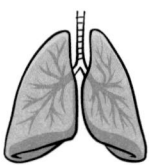

cerveau

brain

cœur

heart

muscle

muscle

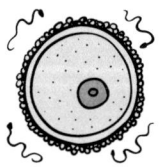

poumons

lung

foie

liver

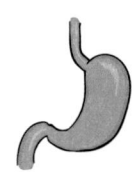

estomac

stomach

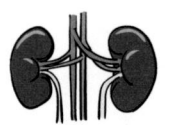

reins

kidneys

rapport sexuel

sex

préservatif

condom

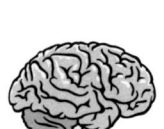

ovule

ovum

sperme

semen

grossesse

pregnancy

corps - body

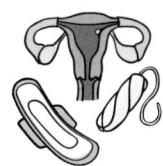

menstruation

menstruation

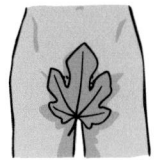

vagin

vagina

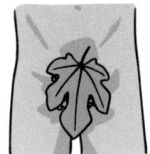

pénis

penis

sourcil

eyebrow

cheveux

hair

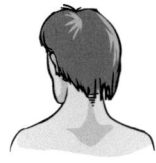

cou

neck

hôpital
hospital

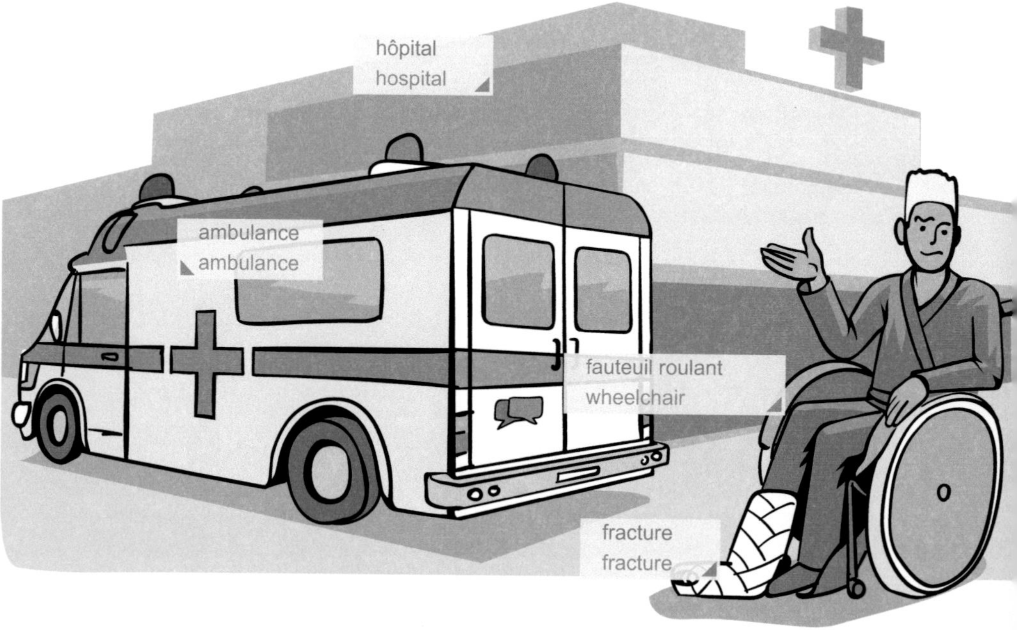

hôpital
hospital
ambulance
ambulance
fauteuil roulant
wheelchair
fracture
fracture

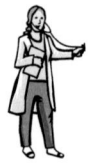

médecin

doctor

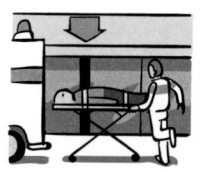

service des urgences

emergency room

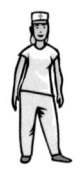

infirmière

nurse

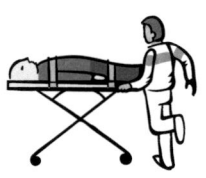

urgence

emergency

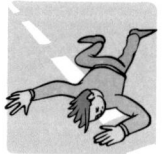

inconscient

unconscious

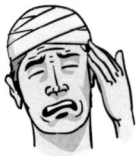

douleur

pain

blessure

injury

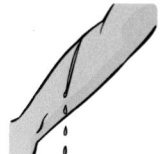

hémorragie

bleeding

crise cardiaque

heart attack

attaque cérébrale

stroke

allergie

allergy

toux

cough

fièvre

fever

grippe

flu

diarrhée

diarrhea

mal de tête

headache

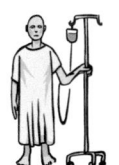

cancer

cancer

diabète

diabetes

chirurgien

surgeon

scalpel

scalpel

opération

operation

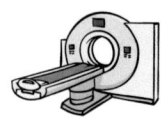

CT

CT

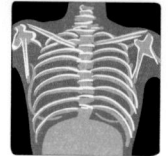

radiographie

x-ray

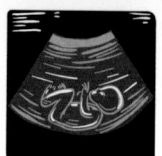

échographie

ultrasound

masque

face mask

maladie

disease

salle d'attente

waiting room

béquille

crutch

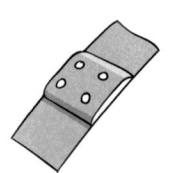

pansement

plaster

pansement

bandage

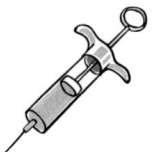

injection

injection

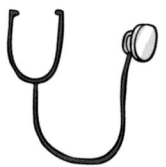

stéthoscope

stethoscope

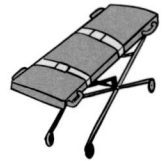

brancard

stretcher

thermomètre

clinical thermometer

accouchement

birth

surpoids

overweight

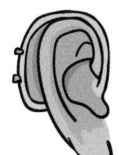

appareil auditif

hearing aid

désinfectant

disinfectant

infection

infection

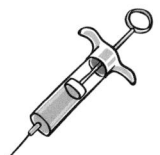

virus

virus

VIH / sida

HIV / AIDS

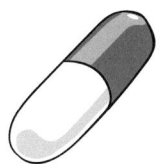

médicament

medicine

vaccination

vaccination

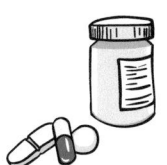

tablettes

tablets

pilule

pill

appel d'urgence

emergency call

tensiomètre

blood pressure monitor

malade / sain

ill / healthy

Au secours!

Help!

alarme

alarm

agression

assault

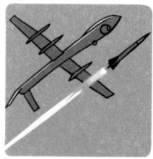

attaque

attack

danger

danger

sortie de secours

emergency exit

Au feu!

Fire!

extincteur

fire extinguisher

accident

accident

trousse de premier secours

first-aid kit

SOS

SOS

police

police

Europe

Europe

Amérique du Nord

North America

Amérique du Sud

South America

Afrique

Africa

Asie

Asia

Australie

Australia

Océan atlantique

Atlantic

Océan pacifique

Pacific

Océan indien

Indian Ocean

Océan antarctique

Antarctic Ocean

Océan arctique

Arctic Ocean

Pônord

North pole

Pôsud

South pole

Antarctique

Antarctica

terre

earth

pays

land

mer

sea

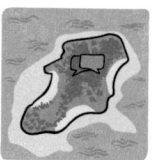

île

island

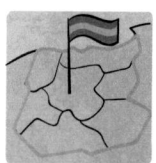

nation

nation

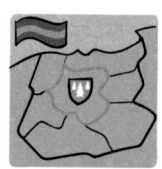

état

state

cadran

clock face

aiguille des heures

hour hand

aiguille des minutes

minute hand

aiguille des secondes

second hand

Quelle heure est-il?

What time is it?

jour

day

temps

time

maintenant

now

montre digitale

digital watch

minute

minute

heure

hour

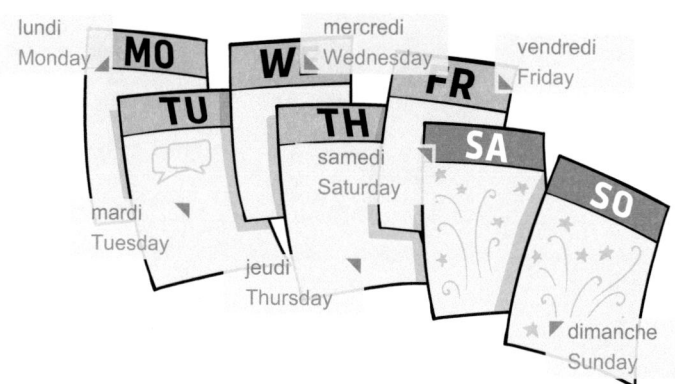

lundi / Monday
mardi / Tuesday
mercredi / Wednesday
jeudi / Thursday
vendredi / Friday
samedi / Saturday
dimanche / Sunday

hier

yesterday

aujourd'hui

today

demain

tomorrow

matin

morning

midi

noon

soir

evening

jours ouvrables

workdays

week-end

weekend

pluie
rain

arc-en-ciel
rainbow

vent
wind

neige
snow

printemps
spring

automne
fall

été
summer

hiver
winter

4.APRIL	11°	☀
5.APRIL	4°	☁
6.APRIL	13°	☂
7.APRIL	8°	❄
8.APRIL	10°	☀

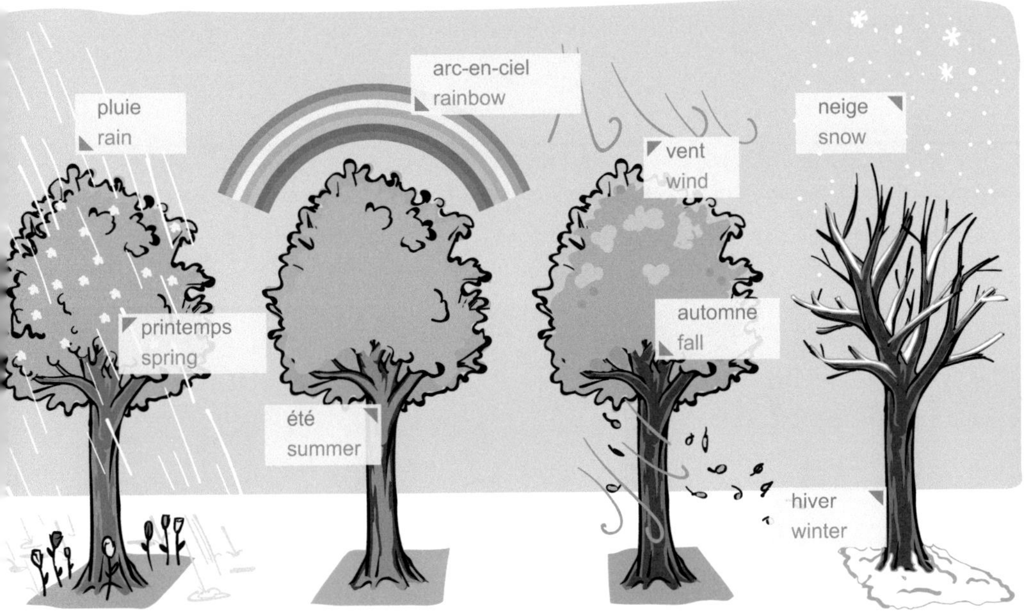

météo

weather forecast

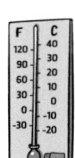

thermomètre

thermometer

lumière du soleil

sunshine

nuage

cloud

brouillard

fog

humidité

humidity

foudre

lightning

tonnerre

thunder

tempête

storm

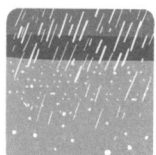

grêle

hail

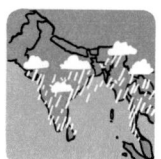

mousson

monsoon

inondation

flood

glace

ice

janvier

January

février

February

mars

March

avril

April

mai

May

juin

June

juillet

July

août

August

septembre

September

octobre

October

novembre

November

décembre

December

formes
shapes

cercle

circle

carré

square

rectangle

rectangle

triangle

triangle

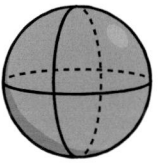

sphère

sphere

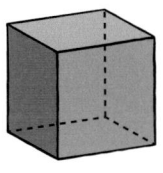

cube

cube

couleurs
colors

blanc

white

jaune

yellow

orange

orange

rose

pink

rouge

red

violet

purple

bleu

blue

vert

green

marron

brown

gris

gray

noir

black

beaucoup / peu

a lot / a little

fâché / calme

angry / calm

joli / laid

beautiful / ugly

début / fin

beginning / end

grand / petit

big / small

clair / obscure

bright / dark

frère / sœur

brother / sister

propre / sale

clean / dirty

complet / incomplet

complete / incomplete

jour / nuit

day / night

mort / vivant

dead / alive

large / étroit

wide / narrow

comestible / incomestible

edible / inedible

méchant / gentil

evil / kind

excité / ennuyé

excited / bored

gros / mince

fat / thin

premier / dernier

first / last

ami / ennemi

friend / enemy

plein / vide

full / empty

dur / souple

hard / soft

lourd / léger

heavy / light

faim / soif

hunger / thirst

malade / sain

ill / healthy

illégal / légal

illegal / legal

intelligent / stupide

intelligent / stupid

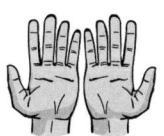

gauche / droite

left / right

proche / loin

near / far

nouveau / usé

new / used

rien / quelque chose

nothing / something

vieux / jeune

old / young

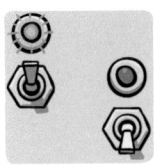

marche / arrêt

on / off

ouvert / fermé

open / closed

faible / fort

quiet / loud

riche / pauvre

rich / poor

correct / incorrect

right / wrong

rugueux / lisse

rough / smooth

triste / heureux

sad / happy

court / long

short / long

lent / rapide

slow / fast

mouillé / sec

wet / dry

chaud / froid

warm / cool

guerre / paix

war / peace

oppositions - opposites

0

zéro
zero

1

un
one

2

deux
two

3

trois
three

4

quatre
four

5

cinq
five

6

six
six

7

sept
seven

8

huit
eight

9

neuf
nine

10

dix
ten

11

onze
eleven

12

douze
twelve

13

treize
thirteen

14

quatorze
fourteen

15

quinze
fifteen

16

seize
sixteen

17

dix-sept
seventeen

18

dix-huit
eighteen

19

dix-neuf
nineteen

20

vingt
twenty

100

cent
hundred

1.000

mille
thousand

1.000.000

million
million

nombres - numbers

anglais

English

anglais américain

American English

chinois mandarin

Chinese Mandarin

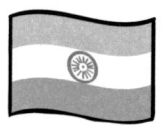

hindi

Hindi

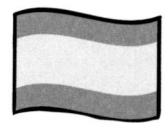

espagnol

Spanish

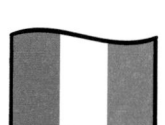

français

French

arabe

Arabic

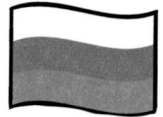

russe

Russian

portugais

Portuguese

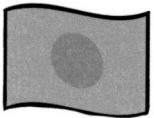

bengali

Bengali

allemand

German

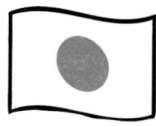

japonais

Japanese

je

I

tu

you

il / elle

he / she / it

nous

we

vous

you

ils / elles

they

qui?

who?

quoi?

what?

comment?

how?

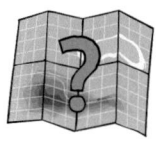

où?

where?

quand?

when?

nom

name

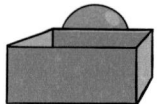

derrière

behind

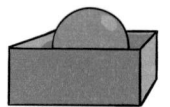

dans

in

devant

in front of

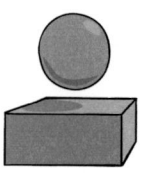

au-dessus

over

sur

on

en-dessous

under

à côté de

beside

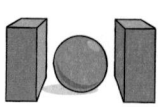

entre

between

lieu

place